Tales from Mexico: Bilingual Spanish-English Short Stories

Coledown Bilingual Books

Published by Coledown Bilingual Books, 2023.

TALES FROM MEXICO: BILINGUAL SPANISH-ENGLISH SHORT STORIES

First edition. September 20, 2023.

Table of Contents

El Secreto del Faro Encantado

En la pintoresca costa de Baja California, se alzaba un antiguo faro que se decía estaba encantado. La leyenda hablaba de luces misteriosas que brillaban en la torre por la noche y de susurros en el viento que solo los valientes aventureros se atrevían a escuchar.

Un día, una joven llamada Isabella llegó a la pequeña aldea cercana al faro. Había oído hablar de las historias de aquel lugar y estaba decidida a descubrir la verdad detrás de los misterios. Algunos aldeanos la miraron con preocupación, pero otros le dieron ánimos.

Isabella alquiló una cabaña cerca del faro y comenzó a investigar. Durante el día, exploraba los alrededores y hablaba con los ancianos del pueblo, quienes le contaban historias sobre el faro y sus extraños sucesos.

Una noche, mientras observaba el faro desde su cabaña, Isabella vio una luz parpadeante en la torre. Decidió seguir el resplandor, ascendiendo los escalones de la torre en penumbra. Al llegar a la cima, se encontró con un viejo farero, Don Manuel, quien había cuidado del faro durante décadas.

Don Manuel le contó a Isabella la verdadera historia detrás del faro encantado. Resulta que el faro había sido construido por su bisabuelo, un marino que buscaba guiar a los barcos en aguas peligrosas. Un día, mientras trabajaba en la torre, encontró un medallón de oro en la playa, con un extraño grabado.

El medallón estaba relacionado con una leyenda indígena local sobre un tesoro oculto en las profundidades del mar. Don Manuel y su familia habían mantenido el secreto del medallón durante generaciones, y el faro encantado era en realidad una trampa para mantener alejados a los buscadores de tesoros.

Con lágrimas en los ojos, Don Manuel entregó el medallón a Isabella. La joven comprendió que el faro no estaba encantado, sino que la magia estaba en la historia que lo rodeaba. Decidió respetar la tradición de la familia de Don Manuel y dejar el tesoro en paz.

Isabella se convirtió en amiga de Don Manuel y se quedó en la aldea, disfrutando de la tranquilidad de la costa y las historias que llenaban cada rincón. Juntos, compartieron el secreto del faro y recordaron que a veces, el verdadero tesoro es la amistad y el respeto por las leyendas que dan vida a un lugar.

The Secret of the Enchanted Lighthouse

On the picturesque coast of Baja California, there stood an ancient lighthouse said to be enchanted. The legend spoke of mysterious lights that shone in the tower at night and whispers in the wind that only the bravest adventurers dared to hear.

One day, a young woman named Isabella arrived in the small village near the lighthouse. She had heard the stories of that place and was determined to uncover the truth behind the mysteries. Some villagers looked at her with concern, but others encouraged her.

Isabella rented a cabin near the lighthouse and began her investigation. During the day, she explored the surroundings and talked to the village elders, who told her stories about the lighthouse and its strange happenings.

One night, as she watched the lighthouse from her cabin, Isabella saw a flickering light in the tower. She decided to follow the glow, climbing the dimly lit stairs of the tower. When she reached the top, she encountered an old lighthouse keeper, Don Manuel, who had cared for the lighthouse for decades.

Don Manuel told Isabella the true story behind the enchanted lighthouse. It turned out the lighthouse had been built by his great-grandfather, a sailor seeking to guide ships in treacherous waters. One day, while working in the tower, he found a golden medallion on the beach, engraved with a strange symbol.

The medallion was linked to a local indigenous legend about a hidden treasure in the depths of the sea. Don Manuel and his family had kept the medallion's secret for generations, and the enchanted lighthouse was, in fact, a ruse to deter treasure seekers.

With tears in his eyes, Don Manuel handed the medallion to Isabella. The young woman realized that the lighthouse was not enchanted but that the magic lay in the story that surrounded it. She decided to respect Don Manuel's family tradition and leave the treasure undisturbed.

Isabella became friends with Don Manuel and stayed in the village, enjoying the tranquility of the coast and the stories that filled every corner. Together, they shared the secret of the lighthouse and remembered that sometimes the true treasure is friendship and respect for the legends that bring a place to life.

El Viaje del Cazador de Estrellas

En un pequeño pueblo en las montañas de México, vivía un hombre llamado Emilio, conocido como el cazador de estrellas. Desde niño, Emilio había soñado con las estrellas, y su pasión lo llevó a estudiar el cosmos.

Una noche, mientras observaba el cielo estrellado desde su telescopio casero, Emilio vio algo inusual: una estrella fugaz que brillaba más intensamente que ninguna otra que hubiera visto antes. Tomó esto como una señal y decidió emprender un viaje en busca de esa estrella.

Con su mochila y telescopio en mano, Emilio se embarcó en una travesía por todo México. Viajó de norte a sur, visitando lugares remotos y hermosos mientras buscaba la estrella fugaz. Durante su viaje, conoció a personas maravillosas y escuchó historias que hablaban de sueños y esperanzas.

En el camino, Emilio llegó a una pequeña aldea en las montañas. Allí conoció a una anciana chamán, Doña Rosa, quien le dijo que la estrella que buscaba era especial y que solo aquellos con corazones puros podían encontrarla. Doña Rosa lo guió en meditaciones y rituales para purificar su corazón y mente.

Después de meses de búsqueda, Emilio llegó al pueblo costero de Tulum, donde finalmente vio la estrella fugaz brillar en todo su esplendor. Se dio cuenta de que la estrella no estaba en el cielo, sino en el reflejo del mar, que brillaba con una luz dorada única.

Emilio entendió que la verdadera belleza de las estrellas no solo estaba en el cielo, sino en la conexión entre las personas y la naturaleza. Regresó a su pueblo natal con un corazón lleno de gratitud y compartió sus experiencias con la comunidad.

Desde entonces, Emilio enseñó a los jóvenes del pueblo sobre el cosmos y cómo encontrar estrellas fugaces en los lugares más inesperados. El cazador de estrellas les recordó que los sueños pueden llevarnos a lugares maravillosos, pero la verdadera magia reside en compartir esas experiencias con otros y en encontrar la belleza en el mundo que nos rodea.

The Journey of the Star Hunter

In a small village nestled in the mountains of Mexico lived a man named Emilio, known as the star hunter. Since childhood, Emilio had dreamt of the stars, and his passion led him to study the cosmos.

One night, as he gazed at the starry sky through his homemade telescope, Emilio saw something unusual: a shooting star that shone more brightly than any he had ever seen before. He took this as a sign and decided to embark on a journey in search of that star.

With his backpack and telescope in hand, Emilio set out on an adventure across Mexico. He traveled from north to south, visiting remote and beautiful places while searching for the shooting star. During his journey, he met wonderful people and heard stories that spoke of dreams and hopes.

On his way, Emilio arrived at a small village in the mountains. There, he met an elderly shaman, Doña Rosa, who told him that the star he sought was special and that only those with pure hearts could find it. Doña Rosa guided him through meditations and rituals to purify his heart and mind.

After months of searching, Emilio reached the coastal village of Tulum, where he finally saw the shooting star shining in all its splendor. He realized that the true beauty of the stars was not only in the sky but in the connection between people and nature.

He understood that the star was not in the sky but in the golden reflection of the sea.

Emilio grasped that the real beauty of the stars lay not only in the sky but in the connection between people and nature. He returned to his hometown with a heart full of gratitude and shared his experiences with the community.

Since then, Emilio taught the young people of the village about the cosmos and how to find shooting stars in the most unexpected places. The star hunter reminded them that dreams can lead us to wonderful places, but true magic resides in sharing those experiences with others and finding beauty in the world around us.

El Enigma de la Casa Abandonada

Había una vez un pequeño pueblo enclavado en las colinas de un valle remoto. Las casas de madera se agrupaban alrededor de una plaza de tierra donde los niños jugaban y los ancianos se sentaban en bancos de madera, compartiendo historias del pasado. La vida en este pueblo era tranquila y apacible, hasta que un misterio oscureció la tranquilidad.

En el borde del pueblo, al final de una empinada colina, se erguía una casa abandonada. Esta casa, conocida como la "Casa de los Susurros", era un edificio antiguo de dos pisos con paredes descoloridas y ventanas rotas. Se decía que estaba embrujada, y nadie se atrevía a acercarse.

Los rumores sobre la Casa de los Susurros se habían transmitido de generación en generación. Se decía que, por la noche, se escuchaban voces susurrantes desde sus oscuros pasillos y que las luces parpadeaban misteriosamente en sus ventanas vacías. Nadie sabía quién había vivido allí ni por qué la casa se había vuelto tan siniestra.

Un día, llegó al pueblo una mujer llamada Elena. Era una periodista curiosa que había oído hablar de la Casa de los Susurros y decidió investigar el misterio por sí misma. Con su cámara en mano y una determinación inquebrantable, se dispuso a desentrañar la verdad detrás de la casa abandonada.

Elena se alojó en una pequeña posada del pueblo y comenzó a hacer preguntas. Los lugareños le advirtieron sobre los peligros de acercarse a la Casa de los Susurros, pero ella no les hizo caso. Pasó días investigando en la biblioteca local, buscando cualquier pista sobre la historia de la casa.

Una tarde, mientras hablaba con un anciano llamado Don Carlos, él le contó una antigua leyenda relacionada con la casa. Según la leyenda, la Casa de los Susurros había sido construida hace más de un siglo por un científico excéntrico llamado Dr. Alejandro Morales. El Dr. Morales había llegado al pueblo en busca de soledad para llevar a cabo experimentos secretos.

Elena sintió que esta era una pista importante y decidió visitar la casa al caer la tarde. Con una linterna en mano y su cámara colgada al cuello, subió la empinada colina hasta la ominosa estructura. La puerta estaba cerrada con fuerza, pero Elena encontró una ventana rota por la que podía entrar.

Al entrar en la casa, un escalofrío recorrió su espalda. El lugar estaba en ruinas, con muebles destrozados y polvo acumulado por todas partes. Mientras exploraba, escuchó un susurro tenue que parecía emanar de las paredes mismas. La voz era ininteligible, pero la hizo sentir incómoda.

Elena continuó explorando y subió las escaleras hacia el segundo piso. En una habitación, encontró un viejo diario perteneciente al Dr. Alejandro Morales. El diario estaba lleno de anotaciones crípticas sobre experimentos científicos y descubrimientos extraordinarios.

Mientras Elena leía el diario, la voz susurrante se hizo más fuerte y clara. Parecía estar pronunciando palabras en un idioma desconocido. Asustada, pero decidida a descubrir la verdad, Elena grabó el sonido en su grabadora y continuó explorando la casa.

En una habitación secreta detrás de un estante de libros, encontró un laboratorio abandonado. Había frascos con líquidos desconocidos y extraños artefactos científicos. En una mesa, halló un cuaderno lleno de diagramas y ecuaciones complejas.

Mientras revisaba el cuaderno, la voz susurrante pareció tomar forma y comenzó a hablar en español. La voz le dijo que era el espíritu del Dr. Alejandro Morales y que estaba atrapado en la casa debido a un experimento fallido. Habló de sus intentos por descubrir los secretos del universo y cómo sus experimentos habían salido mal, atrapando su alma en la casa.

Elena, sorprendida pero intrigada, le preguntó al espíritu cómo podía ayudarlo. El espíritu del Dr. Morales le explicó que necesitaba encontrar un antiguo artefacto que él había creado, conocido como el "Cristal de las Estrellas". Este cristal tenía el poder de liberar su alma y resolver el enigma de la Casa de los Susurros.

La búsqueda del Cristal de las Estrellas llevó a Elena por un viaje que la sumergió en una red de misterio y magia. Siguiendo pistas en el diario del Dr. Morales, recorrió el país en busca de artefactos mágicos, se encontró con chamanes y exploró lugares remotos. Cada paso la acercaba más a la verdad detrás de la casa embrujada.

Finalmente, después de muchas aventuras y desafíos, Elena encontró el Cristal de las Estrellas en una caverna oculta en las profundidades de una montaña. Era una joya luminiscente que brillaba con una luz celestial. Con el cristal en su poder, regresó a la Casa de los Susurros y siguió las instrucciones del espíritu del Dr. Morales.

Al colocar el cristal en un pedestal en el centro de la casa, se desató una explosión de luz y energía. El espíritu del Dr. Morales se manifestó ante Elena, agradeciéndole por su valentía y determinación para liberarlo. El espíritu finalmente encontró la paz y desapareció en una ráfaga de luz.

Con el misterio de la Casa de los Susurros resuelto y el espíritu del Dr. Morales liberado, la casa ya no estaba embrujada. La voz susurrante se desvaneció, y la tranquilidad regresó al pueblo. Elena regresó a su vida como periodista, llevando consigo las lecciones aprendidas y la experiencia inolvidable.

La Casa de los Susurros se convirtió en un museo local, donde las personas podían aprender sobre la vida y los experimentos del Dr. Morales. La historia de Elena se convirtió en una leyenda en el pueblo, recordando a todos que la determinación y la valentía pueden revelar los secretos más profundos y resolver los misterios más oscuros.

The Enigma of the Abandoned House

Once upon a time, there was a small village nestled in the hills of a remote valley. Wooden houses clustered around a dirt square where children played, and the elderly sat on wooden benches, sharing stories of the past. Life in this village was quiet and peaceful until a mystery overshadowed its tranquility.

At the edge of the village, at the end of a steep hill, stood an abandoned house. This house, known as the "Whispering House," was an old two-story building with faded walls and broken windows. It was said to be haunted, and no one dared to approach it.

Rumors about the Whispering House had been passed down from generation to generation. It was said that at night, whispering voices could be heard from its dark corridors, and lights flickered mysteriously in its empty windows. No one knew who had lived there or why the house had become so eerie.

One day, a woman named Elena arrived in the village. She was a curious journalist who had heard of the Whispering House and decided to investigate the mystery herself. With her camera in hand and unwavering determination, she set out to uncover the truth behind the abandoned house.

Elena stayed in a small inn in the village and began to ask questions. The locals warned her about the dangers of approaching the Whispering House, but she paid no heed to their warnings. She spent days researching in the local library, searching for any clues about the history of the house.

One afternoon, while talking to an elderly man named Don Carlos, he told her an ancient legend related to the house. According to the legend, the Whispering House had been built over a century ago by an eccentric scientist named Dr. Alejandro Morales. Dr. Morales had come to the village in search of solitude to conduct secret experiments.

Elena felt that this was an important lead and decided to visit the house in the evening. With a flashlight in hand and her camera hanging around her neck, she climbed the steep hill to the ominous structure. The door was tightly closed, but Elena found a broken window through which she could enter.

As she entered the house, a chill ran down her spine. The place was in ruins, with shattered furniture and dust accumulated everywhere. While she explored, she heard a faint whisper that seemed to emanate from the very walls. The voice was unintelligible, but it made her uneasy.

Elena continued to explore and climbed the stairs to the second floor. In one room, she found an old diary belonging to Dr. Alejandro Morales. The diary was filled with cryptic notes about scientific experiments and extraordinary discoveries.

As Elena read the diary, the whispering voice grew louder and clearer. It seemed to be uttering words in an unknown language. Frightened but determined to discover the truth, Elena recorded the sound on her recorder and continued to explore the house.

In a secret room behind a bookshelf, she found an abandoned laboratory. There were jars containing unknown liquids and strange scientific artifacts. On a table, she found a notebook filled with diagrams and complex equations.

While she examined the notebook, the whispering voice seemed to take form and began to speak in Spanish. The voice told her that it was the spirit of Dr. Alejandro Morales and that it was trapped in the house due to a failed experiment. It spoke of its attempts to uncover the secrets of the universe and how its experiments had gone wrong, trapping its soul in the house.

Elena, surprised but intrigued, asked the spirit how she could help. The spirit of Dr. Morales explained that it needed to find an ancient artifact he had created, known as the "Star Crystal." This crystal had the power to release his soul and solve the enigma of the Whispering House.

The quest for the Star Crystal took Elena on a journey that immersed her in a web of mystery and magic. Following clues in Dr. Morales's diary, she traveled the country in search of magical artifacts, met shamans, and explored remote places. Each step brought her closer to the truth behind the haunted house.

Finally, after many adventures and challenges, Elena found the Star Crystal in a hidden cave deep within a mountain. It was a luminous jewel that gleamed with a celestial light. With the crystal in her possession, she returned to the Whispering House and followed the instructions of Dr. Morales's spirit.

As she placed the crystal on a pedestal in the center of the house, an explosion of light and energy erupted. The spirit of Dr.

Morales manifested before Elena, thanking her for her courage and determination in freeing him. The spirit finally found peace and disappeared in a burst of light.

With the mystery of the Whispering House solved and the spirit of Dr. Morales released, the house was no longer haunted. The whispering voice faded away, and tranquility returned to the village. Elena returned to her life as a journalist, carrying with her the lessons learned and the unforgettable experience.

The Whispering House became a local museum where people could learn about Dr. Morales's life and experiments. Elena's story became a legend in the village, reminding everyone that determination and courage can reveal the deepest secrets and solve the darkest mysteries.

El Misterio de la Isla Perdida

En medio del vasto océano Pacífico, existía una leyenda que hablaba de una isla misteriosa, una isla que desaparecía y reaparecía misteriosamente en el horizonte. Los marineros la llamaban "La Isla Perdida" y aseguraban que solo los elegidos podían encontrarla.

Alejandro, un joven y apasionado capitán de barco, había crecido escuchando estas historias de su abuelo, quien afirmaba haber avistado la isla en su juventud. Inspirado por estas leyendas, Alejandro decidió emprender una expedición para encontrar la Isla Perdida.

Reunió a un grupo de valientes aventureros y zarparon en su velero hacia lo desconocido. Durante semanas, navegaron por aguas inexploradas, siguiendo las antiguas cartas y relatos de marineros. La tripulación estaba llena de esperanza y emoción mientras se adentraban en el océano en busca del misterioso destino.

Un día, cuando el sol brillaba en lo alto del cielo y las aguas eran tranquilas como un espejo, Alejandro divisó un destello en el horizonte. Era como un espejismo, una isla que aparecía y desaparecía en la bruma. La Isla Perdida estaba ante ellos.

El velero se acercó con cuidado, y la tripulación sintió una sensación de asombro mientras la isla se materializaba ante sus ojos. Desembarcaron en la playa de arena blanca y comenzaron a explorar. La isla estaba cubierta de exuberante vegetación y aves exóticas. Parecía un paraíso oculto en medio del océano.

Mientras exploraban, encontraron ruinas antiguas que hablaban de una civilización desconocida que había habitado la isla hace siglos. Había inscripciones en extrañas lenguas y artefactos intrigantes que despertaron la curiosidad de Alejandro y su tripulación.

A medida que avanzaban en su exploración, notaron que la isla parecía tener un extraño poder. Las brújulas no funcionaban correctamente, y el tiempo parecía fluir de manera diferente. Los días y las noches se sucedían con rapidez desconcertante.

Una noche, mientras acampaban en la playa, Alejandro tuvo un sueño vívido en el que un anciano le hablaba en una lengua antigua. El anciano le dijo que la Isla Perdida era un lugar sagrado, un punto de conexión entre el mundo de los vivos y los espíritus. Le encomendó a Alejandro la misión de proteger la isla y su misterio.

Al despertar, Alejandro sintió que tenía una responsabilidad con la isla y su legado. Decidió que él y su tripulación debían convertirse en guardianes de este lugar único en la Tierra.

Con el tiempo, Alejandro y su tripulación construyeron una pequeña aldea en la isla y establecieron una comunidad autosuficiente. Se comprometieron a preservar la belleza y el misterio de la Isla Perdida y a compartir su historia con el mundo.

La noticia de la misteriosa isla se extendió por todo el mundo, y visitantes curiosos comenzaron a llegar. Alejandro y su tripulación los recibieron con los brazos abiertos y compartieron las historias y secretos de la isla. La Isla Perdida se convirtió en un lugar de paz y reflexión, donde las almas cansadas encontraban refugio.

Con el tiempo, Alejandro envejeció y pasó sus días contemplando el horizonte desde la isla que había llegado a amar. Sabía que la Isla Perdida había encontrado a sus guardianes y que su misterio viviría por siempre en las historias que contaban.

La Isla Perdida siguió siendo un enigma para el mundo, un lugar donde el tiempo se detenía y las almas aventureras encontraban su destino. Y aunque Alejandro partió de este mundo, su espíritu quedó ligado a la isla que había encontrado y protegido, convirtiéndose en una parte eterna de su misterio.

The Mystery of the Lost Island

In the midst of the vast Pacific Ocean, there existed a legend about a mysterious island, an island that would mysteriously appear and disappear on the horizon. Sailors called it "The Lost Island" and claimed that only the chosen ones could find it.

Alejandro, a young and passionate ship captain, had grown up hearing these stories from his grandfather, who claimed to have spotted the island in his youth. Inspired by these legends, Alejandro decided to embark on an expedition to find the Lost Island.

He gathered a group of brave adventurers and set sail on his sailboat into the unknown. For weeks, they sailed through uncharted waters, following ancient maps and sailor's tales. The crew was filled with hope and excitement as they ventured into the ocean in search of the mysterious destination.

One day, when the sun was high in the sky and the waters were calm as a mirror, Alejandro spotted a glimmer on the horizon. It was like a mirage, an island that appeared and disappeared in the mist. The Lost Island was before them.

The sailboat approached carefully, and the crew felt a sense of wonder as the island materialized before their eyes. They disembarked on the white sandy beach and began to explore. The island was covered in lush vegetation and exotic birds. It seemed like a paradise hidden in the middle of the ocean.

As they explored, they found ancient ruins that spoke of an unknown civilization that had inhabited the island centuries ago. There were inscriptions in strange languages and intriguing artifacts that piqued Alejandro and his crew's curiosity.

As they ventured deeper into their exploration, they noticed that the island seemed to possess a strange power. Compasses did not function correctly, and time seemed to flow differently. Days and nights passed at a bewildering pace.

One night, as they camped on the beach, Alejandro had a vivid dream in which an old man spoke to him in an ancient language. The old man told him that the Lost Island was a sacred place, a point of connection between the world of the living and the spirits. He entrusted Alejandro with the mission of protecting the island and its mystery.

Upon awakening, Alejandro felt a sense of responsibility toward the island and its legacy. He decided that he and his crew must become the guardians of this unique place on Earth.

Over time, Alejandro and his crew built a small village on the island and established a self-sustaining community. They committed themselves to preserving the beauty and mystery of the Lost Island and to sharing its story with the world.

The news of the mysterious island spread worldwide, and curious visitors began to arrive. Alejandro and his crew welcomed them with open arms and shared the stories and secrets of the island. The Lost Island became a place of peace and reflection, where weary souls found refuge.

As time passed, Alejandro grew older and spent his days gazing at the horizon from the island he had come to love. He knew that the Lost Island had found its guardians, and its mystery would live on forever in the stories they told.

The Lost Island remained an enigma to the world, a place where time stood still, and adventurous souls found their destiny. And although Alejandro departed from this world, his spirit remained bound to the island he had discovered and protected, becoming an eternal part of its mystery.

El Jardín Encantado

Había una vez un anciano jardinero llamado Eduardo, que había pasado toda su vida cuidando un hermoso jardín en el corazón de un pequeño pueblo. Este jardín era conocido en todo el lugar por su belleza y esplendor, pero había un secreto que muy pocos conocían: el jardín estaba encantado.

Desde que Eduardo era joven, había notado que su jardín era diferente. Las flores parecían brillar con colores más intensos, y los árboles susurraban melodías suaves en el viento de la tarde. Pero lo más sorprendente de todo eran las mariposas que lo visitaban. Eran mariposas de todos los colores del arco iris, y cuando revoloteaban alrededor de Eduardo, parecían estar bailando en un delicado ballet.

Eduardo cuidaba el jardín con amor y devoción, pero nunca reveló su secreto a nadie. Sabía que la magia del jardín era un regalo especial que debía proteger. Sin embargo, a medida que envejecía, comenzó a preocuparse por quién cuidaría el jardín cuando él ya no estuviera.

Una tarde, mientras estaba sentado en su banco favorito bajo la sombra de un antiguo roble, Eduardo vio a una joven llamada Lucía. Ella parecía perdida y triste mientras caminaba por el pueblo. Eduardo la llamó y le ofreció un lugar para descansar en su jardín.

Lucía aceptó la oferta y se sentó junto a Eduardo. Mientras hablaban, ella le contó sobre su vida difícil y cómo había perdido la esperanza en el mundo. Eduardo vio algo especial en Lucía, una chispa de bondad y admiración por la belleza de la naturaleza.

Entonces, Eduardo decidió confiar en Lucía y le reveló el secreto de su jardín encantado. Le explicó que el jardín necesitaba un nuevo cuidador y le pidió a Lucía que se hiciera cargo de él cuando él ya no pudiera.

Lucía quedó asombrada por la historia, pero aceptó la responsabilidad con gratitud. Eduardo comenzó a enseñarle los secretos del jardín, cómo cuidar las flores y escuchar a los árboles. Le mostró cómo hablar con las mariposas y aprender de su sabiduría.

Con el tiempo, Lucía se convirtió en la nueva jardinera del jardín encantado. Cuidaba cada planta con amor y respeto, y el jardín respondía con aún más belleza y magia. Las flores florecían más brillantes, los árboles cantaban melodías más hermosas, y las mariposas danzaban a su alrededor con aún más alegría.

A medida que los años pasaban, Eduardo envejecía y finalmente descansaba bajo el antiguo roble donde había conocido a Lucía. Pero su espíritu seguía vivo en el jardín, en las risas de las mariposas y en la belleza que florecía en cada rincón.

El jardín encantado se convirtió en un lugar de inspiración y sanación para el pueblo. La gente venía de todas partes para disfrutar de su belleza y paz. Pero solo aquellos que cuidaban el jardín con amor y respeto podían ver su verdadera magia.

Lucía se convirtió en una leyenda en el pueblo, la guardiana del jardín encantado. Cada día, ella compartía su sabiduría con quienes buscaban su consejo y recordaba a todos que la belleza y la magia se encuentran en la naturaleza y en el corazón de aquellos que la cuidan con amor.

Y así, el jardín encantado floreció a lo largo de las generaciones, recordando a todos que la magia de la naturaleza está al alcance de aquellos que la cuidan y la aprecian con el corazón abierto.

The Enchanted Garden

Once upon a time, there was an elderly gardener named Eduardo who had spent his entire life tending to a beautiful garden in the heart of a small village. This garden was known throughout the town for its beauty and splendor, but there was a secret that very few knew: the garden was enchanted.

Since Eduardo was young, he had noticed that his garden was different. The flowers seemed to shine with more vibrant colors, and the trees whispered soft melodies in the afternoon breeze. But most astonishing of all were the butterflies that visited. They were butterflies of every color of the rainbow, and when they fluttered around Eduardo, they seemed to be dancing in a delicate ballet.

Eduardo cared for the garden with love and devotion, but he never revealed its secret to anyone. He knew that the garden's magic was a special gift that needed to be protected. However, as he grew older, he began to worry about who would care for the garden when he was no longer there.

One afternoon, while he was sitting on his favorite bench in the shade of an ancient oak tree, Eduardo saw a young woman named Lucía. She appeared lost and sad as she walked through the village. Eduardo called out to her and offered her a place to rest in his garden.

Lucía accepted the offer and sat down beside Eduardo. As they talked, she shared her difficult life and how she had lost hope in the world. Eduardo saw something special in Lucía, a spark of kindness and admiration for the beauty of nature.

So, Eduardo decided to confide in Lucía and revealed the secret of his enchanted garden. He explained that the garden needed a new caretaker and asked Lucía to take over when he could no longer do so.

Lucía was amazed by the story but accepted the responsibility with gratitude. Eduardo began to teach her the secrets of the garden, how to care for the flowers and listen to the trees. He showed her how to communicate with the butterflies and learn from their wisdom.

Over time, Lucía became the new gardener of the enchanted garden. She cared for each plant with love and respect, and the garden responded with even more beauty and magic. The flowers bloomed brighter, the trees sang more beautiful melodies, and the butterflies danced around her with even more joy.

As the years passed, Eduardo grew older and eventually rested beneath the ancient oak tree where he had first met Lucía. But his spirit remained alive in the garden, in the laughter of the butterflies, and in the beauty that flourished in every corner.

The enchanted garden became a place of inspiration and healing for the village. People came from far and wide to enjoy its beauty and peace. But only those who cared for the garden with love and respect could see its true magic.

Lucía became a legend in the village, the guardian of the enchanted garden. Each day, she shared her wisdom with those who sought her advice and reminded everyone that beauty and magic are found in nature and in the hearts of those who care for it with an open heart.

And so, the enchanted garden flourished through the generations, reminding everyone that the magic of nature is within reach of those who nurture and appreciate it with an open heart.

El Relojero de los Sueños

En un pequeño y pintoresco pueblo llamado Esperanza, la vida transcurría tranquila y sin sobresaltos. Las casas de colores brillantes se alineaban en las calles adoquinadas, y los habitantes se conocían desde hacía generaciones. Sin embargo, en el corazón de este pueblo, había una tienda que destacaba por encima de todas las demás: la relojería de Don Marcelo.

Don Marcelo era un hombre de edad avanzada, de cabello blanco como la nieve y ojos centelleantes llenos de sabiduría. Había sido relojero toda su vida y, aunque su tienda estaba llena de hermosos relojes de todo tipo, su especialidad eran los relojes de sueños.

Los relojes de sueños eran una creación única de Don Marcelo. Eran relojes mágicos que tenían la capacidad de capturar y mostrar los sueños de las personas. Cada reloj estaba cuidadosamente elaborado a mano y contenía un pequeño compartimento en el que se almacenaban los sueños.

Don Marcelo tenía un don especial para escuchar las historias y anhelos de la gente del pueblo. Cuando alguien entraba en su tienda en busca de un reloj de sueños, él se sentaba con ellos y escuchaba sus deseos más profundos. Luego, seleccionaba con cuidado los materiales y diseñaba un reloj que reflejara esos sueños.

Los relojes de sueños de Don Marcelo se convirtieron en tesoros para quienes los poseían. Eran mucho más que simples objetos;

eran ventanas a los sueños y esperanzas de las personas. Cuando alguien miraba su reloj de sueños, podía ver imágenes de sus sueños más queridos y recordar lo que realmente importaba en la vida.

La fama de Don Marcelo y sus relojes de sueños se extendió más allá de las fronteras del pueblo. Personas de otras ciudades viajaban para visitar su tienda y experimentar la magia de sus creaciones. Cada reloj era único y tenía el poder de tocar el corazón de su propietario de una manera especial.

Un día, una joven llamada Isabella llegó a Esperanza en busca de un reloj de sueños. Había oído hablar de Don Marcelo y su fama como el mejor relojero de sueños en todo el país. Isabella tenía un sueño especial que deseaba capturar en un reloj: quería ser escritora y compartir sus historias con el mundo.

Cuando Isabella entró en la tienda de Don Marcelo, él la recibió con una sonrisa cálida. Escuchó con atención mientras ella compartía sus sueños de palabras y mundos imaginarios. Luego, comenzó a trabajar en un reloj de sueños que reflejara la pasión de Isabella por la escritura.

El reloj que Don Marcelo creó para Isabella era una obra maestra. Tenía una esfera que mostraba un paisaje de libros abiertos y plumas danzantes. Cada vez que Isabella miraba el reloj, veía sus palabras cobrar vida y fluir como ríos de tinta en las páginas de sus historias.

Con su reloj de sueños en la muñeca, Isabella encontró la inspiración que necesitaba para escribir sus historias. Sus palabras fluían con facilidad, y sus relatos encantaban a quienes los leían. Se convirtió en una escritora aclamada y compartió sus sueños con el mundo, gracias a la magia de su reloj.

A medida que pasaba el tiempo, Don Marcelo continuó creando relojes de sueños para las personas de Esperanza y más allá. Cada reloj contaba una historia única y especial, y la tienda de Don Marcelo se llenó de gratitud y alegría.

Cuando Don Marcelo falleció, dejó su legado a su nieto, Mateo, quien había aprendido el arte de la relojería y el poder de los relojes de sueños. Mateo continuó la tradición de su abuelo, escuchando los sueños de las personas y creando relojes que capturaban sus deseos más profundos.

La tienda de Don Marcelo en Esperanza se convirtió en un lugar de inspiración y esperanza, donde los sueños se convertían en realidad a través de la magia de los relojes de sueños. Y aunque Don Marcelo ya no estaba físicamente presente, su espíritu vivía en cada creación que dejaba su taller, recordando a todos la belleza de perseguir los sueños y el poder de mantenerlos cerca del corazón.

The Dream Watchmaker

In a small and picturesque village called Esperanza, life flowed peacefully and without disruptions. Brightly colored houses lined the cobblestone streets, and the inhabitants had known each other for generations. However, at the heart of this village, there was a shop that stood out among all the others: Don Marcelo's watchmaking store.

Don Marcelo was an elderly man with hair as white as snow and eyes that sparkled with wisdom. He had been a watchmaker his whole life, and although his store was filled with beautiful watches of all kinds, his specialty was dream watches.

Dream watches were a unique creation of Don Marcelo. They were magical timepieces with the ability to capture and display people's dreams. Each watch was carefully crafted by hand and contained a small compartment where dreams were stored.

Don Marcelo had a special gift for listening to the stories and aspirations of the town's people. When someone entered his shop in search of a dream watch, he would sit with them and listen to their deepest wishes. Then, he would carefully select the materials and design a watch that reflected those dreams.

Don Marcelo's dream watches became treasures for those who owned them. They were much more than mere objects; they were windows into people's dreams and hopes. When someone looked at their dream watch, they could see images of their dearest dreams and be reminded of what truly mattered in life.

Don Marcelo's fame and his dream watches extended beyond the borders of the village. People from other cities traveled to visit his shop and experience the magic of his creations. Each watch was unique and had the power to touch its owner's heart in a special way.

One day, a young woman named Isabella arrived in Esperanza in search of a dream watch. She had heard of Don Marcelo and his reputation as the best dream watchmaker in the country. Isabella had a special dream she wanted to capture in a watch: she wanted to become a writer and share her stories with the world.

When Isabella entered Don Marcelo's shop, he welcomed her with a warm smile. He listened attentively as she shared her dreams of words and imaginary worlds. Then, he began to work on a dream watch that would reflect Isabella's passion for writing.

The watch that Don Marcelo created for Isabella was a masterpiece. It had a dial that displayed a landscape of open books and dancing quills. Every time Isabella looked at the watch, she saw her words come to life and flow like rivers of ink onto the pages of her stories.

With her dream watch on her wrist, Isabella found the inspiration she needed to write her stories. Her words flowed effortlessly, and her tales captivated those who read them. She became an acclaimed writer and shared her dreams with the world, thanks to the magic of her watch.

As time passed, Don Marcelo continued to create dream watches for the people of Esperanza and beyond. Each watch told a unique and special story, and Don Marcelo's shop was filled with gratitude and joy.

When Don Marcelo passed away, he left his legacy to his grandson, Mateo, who had learned the art of watchmaking and the power of dream watches. Mateo continued his grandfather's tradition, listening to people's dreams and creating watches that captured their deepest wishes.

Don Marcelo's shop in Esperanza became a place of inspiration and hope, where dreams came true through the magic of dream watches. And although Don Marcelo was no longer physically present, his spirit lived on in every creation that left his workshop, reminding everyone of the beauty of pursuing dreams and the power of keeping them close to the heart.

El Violinista de los Recuerdos

En el corazón de una ciudad vibrante y bulliciosa, vivía un anciano violinista llamado Eduardo. Durante toda su vida, Eduardo había tocado su violín en las calles, bajo los destellos de los rascacielos y las luces de neón. Pero Eduardo no era un violinista común; él era el guardian de los recuerdos perdidos.

Cada día, Eduardo salía a las calles con su violín y tocaba melodías que eran más que simples notas musicales. Sus canciones tenían el poder de evocar recuerdos en aquellos que lo escuchaban. Cuando las personas se detenían a escuchar su música, comenzaban a recordar momentos olvidados: un beso bajo la lluvia, una risa compartida con un amigo, un atardecer en la playa.

Eduardo había descubierto su don cuando era joven. Un día, mientras tocaba en un parque, una mujer se detuvo a escuchar su música y comenzó a llorar. Le contó a Eduardo que había perdido a su esposo y que había olvidado la voz de su amado. Pero al escuchar la música de Eduardo, de repente, pudo recordar la risa de su esposo y las dulces palabras que le decía.

Desde ese día, Eduardo decidió dedicar su vida a tocar el violín y ayudar a las personas a recuperar sus recuerdos más queridos. A medida que envejecía, se convirtió en una figura venerada en la ciudad, conocido como "El Violinista de los Recuerdos".

Una tarde, mientras tocaba en un parque con vista al río, Eduardo notó a una joven sentada en un banco. Parecía triste y perdida en sus pensamientos. Eduardo comenzó a tocar una melodía suave y emotiva, esperando tocar el corazón de la joven.

La música de Eduardo llegó al alma de la joven, y pronto comenzaron a brotar lágrimas de sus ojos. Ella se acercó a Eduardo y le contó su historia. Había perdido a su madre recientemente y se sentía abrumada por la tristeza y el dolor. Había olvidado cómo sonaba la risa de su madre y la calidez de sus abrazos.

Eduardo tocó su violín con aún más pasión, evocando los recuerdos perdidos de la joven. Ella comenzó a recordar los momentos felices que había compartido con su madre, los cuentos antes de dormir y los paseos por el parque. Las lágrimas de tristeza se mezclaron con lágrimas de alegría mientras abrazaba los recuerdos recuperados.

La joven agradeció a Eduardo por devolverle los recuerdos de su madre y prometió que los guardaría en su corazón para siempre. Eduardo sonrió con ternura y continuó tocando su violín por las calles, llevando su magia a aquellos que necesitaban recuperar sus momentos más preciosos.

Con el tiempo, Eduardo se convirtió en una leyenda en la ciudad, un símbolo de esperanza y sanación a través de la música. Aunque sus manos envejecieron y su cabello se volvió plateado, su violín seguía tocando melodías que despertaban recuerdos perdidos y llenaban los corazones de las personas de alegría y gratitud.

Y así, el Violinista de los Recuerdos continuó su misión, compartiendo su don con el mundo y recordando a todos que los recuerdos perdidos pueden volver a la vida a través de la música y el amor. 43

The Violinist of Memories

In the heart of a vibrant and bustling city, lived an elderly violinist named Eduardo. Throughout his life, Eduardo had played his violin in the streets, under the gleams of skyscrapers and neon lights. But Eduardo was not an ordinary violinist; he was the guardian of lost memories.

Every day, Eduardo would take to the streets with his violin and play melodies that were more than mere musical notes. His songs had the power to evoke memories in those who listened. When people stopped to hear his music, they began to remember forgotten moments: a kiss in the rain, a shared laugh with a friend, a sunset on the beach.

Eduardo had discovered his gift when he was young. One day, while playing in a park, a woman stopped to listen to his music and began to cry. She told Eduardo that she had lost her husband and had forgotten the sound of her beloved's voice. But as she listened to Eduardo's music, suddenly, she could remember her husband's laughter and the sweet words he used to say.

From that day on, Eduardo decided to dedicate his life to playing the violin and helping people retrieve their dearest memories. As he aged, he became a revered figure in the city, known as "The Violinist of Memories."

One afternoon, while playing in a park overlooking the river, Eduardo noticed a young woman sitting on a bench. She appeared sad and lost in thought. Eduardo began to play a soft and emotive melody, hoping to touch the young woman's heart.

Eduardo's music reached the young woman's soul, and soon tears began to flow from her eyes. She approached Eduardo and shared her story. She had recently lost her mother and felt overwhelmed by sadness and grief. She had forgotten the sound of her mother's laughter and the warmth of her hugs.

Eduardo played his violin with even more passion, evoking the lost memories of the young woman. She began to remember the happy moments she had shared with her mother, bedtime stories, and walks in the park. Tears of sadness mixed with tears of joy as she embraced the recovered memories.

The young woman thanked Eduardo for giving her back her mother's memories and promised to hold them in her heart forever. Eduardo smiled with tenderness and continued to play his violin through the streets, bringing his magic to those who needed to recover their most precious moments.

Over time, Eduardo became a legend in the city, a symbol of hope and healing through music. Although his hands aged, and his hair turned silver, his violin continued to play melodies that rekindled lost memories and filled people's hearts with joy and gratitude.

And so, the Violinist of Memories continued his mission, sharing his gift with the world and reminding everyone that lost memories can come back to life through music and love.

El Tesoro de los Antiguos

En el remoto pueblo de San Miguel de las Estrellas, ubicado en las profundidades de las montañas de México, la vida transcurría tranquila y arraigada en las tradiciones ancestrales. Este rincón olvidado por el tiempo estaba rodeado de misterios y leyendas que hablaban de un tesoro perdido, un tesoro que nadie había sido capaz de encontrar en siglos.

La historia del tesoro se remontaba a los tiempos de los antiguos habitantes de la región, una civilización enigmática que había desaparecido hace mucho. Se decía que habían acumulado riquezas invaluables y las habían ocultado en algún lugar secreto de las montañas antes de su misteriosa desaparición.

Miguel, un joven intrépido y apasionado por la historia de su pueblo, había crecido escuchando las historias del tesoro perdido de San Miguel de las Estrellas. Desde niño, soñaba con encontrarlo y desvelar el misterio que envolvía a su tierra natal. A medida que crecía, se preparaba para emprender la búsqueda.

Un día, mientras investigaba en los archivos de la vieja iglesia del pueblo, Miguel descubrió un antiguo pergamino que parecía contener pistas sobre la ubicación del tesoro. El pergamino estaba cubierto de polvo y apenas legible, pero las palabras grabadas en él lo llenaron de emoción.

El pergamino hablaba de un antiguo mapa estelar que revelaba la ubicación exacta del tesoro perdido. Decía que solo aquellos que comprendieran la conexión entre las estrellas y la tierra podrían descifrar el mapa y llegar al tesoro.

Miguel estaba decidido a descifrar el misterioso mapa estelar. Pasó noches en vela estudiando las constelaciones y consultando con los ancianos del pueblo, quienes poseían conocimientos ancestrales sobre las estrellas. Con el tiempo, logró descifrar el mapa y trazar un camino que lo llevaría a la búsqueda del tesoro.

Reunió a un pequeño grupo de amigos y juntos emprendieron la expedición hacia las montañas en busca del tesoro perdido. La travesía fue ardua y llena de desafíos, ya que se adentraron en territorios desconocidos y enfrentaron peligros naturales. Sin embargo, la determinación de Miguel y su fe en el pergamino los guiaron en cada paso del camino.

A medida que avanzaban en su búsqueda, comenzaron a descubrir pistas ocultas en la naturaleza que coincidían con las indicaciones del mapa estelar. Rocas talladas con formas extrañas, árboles que parecían señalar direcciones y riachuelos que seguían patrones misteriosos. Cada pista los acercaba un poco más al tesoro.

Finalmente, después de semanas de exploración, llegaron a una cueva oculta en lo más profundo de las montañas. El lugar estaba cubierto de símbolos antiguos y marcas en las paredes que contaban la historia de la civilización perdida. Miguel sintió que estaban cerca del tesoro.

Dentro de la cueva, encontraron una serie de pasadizos secretos que los llevaron a una cámara subterránea. Allí, ante sus ojos asombrados, yacía el tesoro perdido de San Miguel de las

Estrellas. Montones de oro y plata, joyas preciosas y objetos de un valor incalculable llenaban la cámara.

Pero lo más sorprendente de todo era un gran libro antiguo que descansaba en un pedestal en el centro de la cámara. El libro estaba lleno de escrituras y sabiduría de la civilización perdida. Miguel entendió que este libro contenía los secretos y conocimientos de su pueblo ancestral, mucho más valiosos que cualquier tesoro material.

Miguel y su grupo tomaron el libro y, con los tesoros a sus espaldas, regresaron al pueblo. La noticia de su descubrimiento se extendió rápidamente, y los habitantes de San Miguel de las Estrellas celebraron con alegría y gratitud. Miguel compartió los secretos y conocimientos del libro con su pueblo, enriqueciendo la herencia cultural de la comunidad.

Con el tiempo, el tesoro material se utilizó para mejorar la calidad de vida en el pueblo, financiar proyectos educativos y preservar la belleza natural de la región. Pero el tesoro más valioso, el conocimiento ancestral, se convirtió en la base de la identidad del pueblo y se transmitió de generación en generación.

Miguel se convirtió en un líder respetado en San Miguel de las Estrellas y dedicó su vida a preservar la historia y la cultura de su pueblo. Siempre recordaba que el verdadero tesoro de su tierra estaba en sus raíces y en la sabiduría de sus antepasados.

La historia del tesoro perdido de San Miguel de las Estrellas se convirtió en una leyenda que se contaba a los niños del pueblo. Recordaba a todos que, a veces, los tesoros más valiosos no son los que se encuentran bajo tierra, sino los que se encuentran en el corazón y en la historia de un pueblo.

The Treasure of the Ancients

In the remote village of San Miguel de las Estrellas, nestled deep in the mountains of Mexico, life flowed quietly and was deeply rooted in ancestral traditions. This corner, forgotten by time, was surrounded by mysteries and legends that spoke of a lost treasure, a treasure that no one had been able to find for centuries.

The story of the treasure dated back to the times of the ancient inhabitants of the region, an enigmatic civilization that had disappeared long ago. It was said that they had accumulated invaluable riches and hidden them in some secret location in the mountains before their mysterious disappearance.

Miguel, a young and intrepid man passionate about the history of his town, had grown up listening to the stories of the lost treasure of San Miguel de las Estrellas. Since childhood, he dreamed of finding it and unraveling the mystery that shrouded his homeland. As he grew older, he prepared himself to embark on the quest.

One day, while researching in the archives of the old church in the village, Miguel discovered an ancient scroll that seemed to contain clues about the location of the treasure. The scroll was covered in dust and barely legible, but the words engraved on it filled him with excitement.

The scroll spoke of an ancient star map that revealed the exact location of the lost treasure. It stated that only those who understood the connection between the stars and the land could decipher the map and reach the treasure.

Miguel was determined to decipher the mysterious star map. He spent sleepless nights studying the constellations and consulting with the village elders, who possessed ancestral knowledge of the stars. With time, he managed to decode the map and chart a path that would lead him to the treasure hunt.

He gathered a small group of friends, and together, they embarked on the expedition to find the lost treasure. The journey was arduous and filled with challenges as they ventured into uncharted territories and faced natural dangers. However, Miguel's determination and his faith in the scroll guided them every step of the way.

As they progressed in their search, they began to discover hidden clues in nature that matched the indications of the star map. Rocks carved with strange shapes, trees that seemed to point in directions, and streams that followed mysterious patterns. Each clue brought them closer to the treasure.

Finally, after weeks of exploration, they reached a hidden cave deep within the mountains. The place was covered in ancient symbols and markings on the walls that told the story of the lost civilization. Miguel felt that they were close to the treasure.

Inside the cave, they found a series of secret passages that led them to an underground chamber. There, before their astonished eyes, lay the lost treasure of San Miguel de las Estrellas. Piles of gold and silver, precious jewels, and objects of incalculable value filled the chamber.

But most astonishing of all was a large ancient book resting on a pedestal in the center of the chamber. The book was filled with scriptures and wisdom from the lost civilization. Miguel understood that this book contained the secrets and knowledge of his ancestral people, far more valuable than any material treasure.

Miguel and his group took the book and, with the treasures behind them, returned to the village. News of their discovery spread quickly, and the inhabitants of San Miguel de las Estrellas celebrated with joy and gratitude. Miguel shared the secrets and knowledge from the book with his people, enriching the cultural heritage of the community.

With time, the material treasure was used to improve the quality of life in the village, fund educational projects, and preserve the natural beauty of the region. But the most valuable treasure, the ancestral knowledge, became the foundation of the town's identity and was passed down from generation to generation.

Miguel became a respected leader in San Miguel de las Estrellas and dedicated his life to preserving the history and culture of his town. He always remembered that the true treasure of his land lay in its roots and in the wisdom of its ancestors.

The story of the lost treasure of San Miguel de las Estrellas became a legend told to the children of the village. It reminded everyone that sometimes the most valuable treasures are not found underground but are found in the heart and history of a people.

El Baúl de los Recuerdos

En el corazón de la ciudad de Guanajuato, conocida por sus callejones empedrados y su rica historia, vivía una anciana llamada Amelia. Amelia era una mujer apacible que había vivido toda su vida en una antigua casa de estilo colonial, llena de encanto y misterio.

La casa de Amelia estaba llena de tesoros olvidados, cada uno con su propia historia. Había muebles antiguos, cuadros que habían visto generaciones pasar y objetos que habían pertenecido a sus padres y abuelos. Pero lo que más valoraba Amelia eran las cartas y fotografías en blanco y negro que guardaba en un viejo baúl de madera.

El baúl de los recuerdos era un cofre antiguo y desgastado que había pertenecido a la bisabuela de Amelia. En su interior, cuidadosamente ordenadas, se encontraban cartas de amor, fotografías de momentos especiales y recuerdos de tiempos pasados. Cada carta y fotografía tenía su propia historia que Amelia apreciaba profundamente.

Una tarde, mientras Amelia hojeaba las cartas y fotografías en su baúl de los recuerdos, encontró una carta que nunca había visto antes. Estaba dirigida a su bisabuela y estaba escrita con una caligrafía delicada y elegante. La carta hablaba de un amor perdido y de un secreto que debía permanecer oculto.

Intrigada por la carta, Amelia comenzó a investigar su origen. Descubrió que había sido escrita por un joven llamado Alejandro, quien había sido el amor secreto de su bisabuela. La carta relataba una historia de amor apasionada que había florecido en tiempos difíciles y se había mantenido en secreto debido a las circunstancias de la época.

Amelia decidió seguir el rastro de la carta y descubrir más sobre este misterioso amor del pasado. Investiga en los archivos de la ciudad, en viejas cartas y registros históricos. Con cada pista que encontraba, la historia de Alejandro y su bisabuela cobraba vida.

Descubrió que Alejandro había sido un revolucionario que luchaba por la libertad de México durante la Revolución Mexicana. Su bisabuela, Isabel, había sido una mujer valiente que apoyaba la causa de Alejandro en secreto. Se habían conocido en medio de la agitación de la guerra y habían compartido momentos robados de pasión y amor.

Pero la carta también revelaba un secreto que Amelia no podía ignorar. Alejandro había estado en posesión de un mapa que llevaba a un tesoro oculto, un tesoro que había prometido compartir con Isabel una vez que la guerra terminara. Sin embargo, la guerra había separado a los amantes, y Alejandro nunca había regresado.

Amelia estaba decidida a descubrir si el tesoro mencionado en la carta realmente existía. Siguió las pistas del mapa, que la llevaron a una antigua mina abandonada en las afueras de la ciudad. Con la ayuda de amigos y vecinos, comenzó a explorar la mina en busca del tesoro perdido.

La búsqueda fue ardua y llena de peligros, ya que la mina estaba llena de túneles oscuros y pasadizos estrechos. Pero Amelia estaba decidida a honrar la memoria de su bisabuela y su amor por Alejandro. Con cada paso que daba, sentía que se acercaba más al misterioso tesoro.

Finalmente, en el fondo de la mina, Amelia y su equipo encontraron un cofre antiguo cubierto de polvo y telarañas. Con las manos temblorosas, Amelia abrió el cofre y quedó asombrada por lo que encontró en su interior.

El cofre estaba lleno de monedas de oro, joyas y objetos preciosos que habían sido reunidos durante la Revolución Mexicana. Era el tesoro que Alejandro había prometido compartir con Isabel. Amelia sabía que debía honrar la memoria de los amantes y compartir el tesoro con su ciudad y su país.

El tesoro se convirtió en una exhibición en el museo de Guanajuato, donde todos podían apreciar la historia de amor de Alejandro e Isabel y la valentía de quienes lucharon por la libertad de México. La carta de Alejandro se convirtió en una pieza central de la exhibición, recordando a todos que el amor y el valor pueden perdurar a través del tiempo.

Amelia continuó viviendo en su antigua casa con el baúl de los recuerdos, sabiendo que cada carta y fotografía tenía una historia que contar. Pero ahora, también sabía que las historias del pasado podían llevar a descubrimientos sorprendentes y a mantener vivos los legados de quienes vinieron antes que nosotros.

The Trunk of Memories

In the heart of the city of Guanajuato, known for its cobbled alleys and rich history, lived an elderly woman named Amelia. Amelia was a serene woman who had spent her entire life in an old colonial-style house, full of charm and mystery.

Amelia's house was filled with forgotten treasures, each with its own story. There were antique furniture, paintings that had witnessed generations pass, and objects that had belonged to her parents and grandparents. But what Amelia valued the most were the letters and black-and-white photographs she kept in an old wooden trunk.

The trunk of memories was an ancient and weathered chest that had belonged to Amelia's great-grandmother. Inside it, carefully arranged, were love letters, photographs of special moments, and memories of times gone by. Each letter and photograph had its own story that Amelia deeply cherished.

One afternoon, while Amelia was leafing through the letters and photographs in her trunk of memories, she found a letter she had never seen before. It was addressed to her great-grandmother and was written in delicate and elegant handwriting. The letter spoke of a lost love and of a secret that must remain hidden.

Intrigued by the letter, Amelia began to investigate its origin. She discovered that it had been written by a young man named Alejandro, who had been her great-grandmother's secret love.

The letter told a story of passionate love that had blossomed in difficult times and had been kept a secret due to the circumstances of the era.

Amelia decided to follow the trail of the letter and uncover more about this mysterious love from the past. She delved into the city's archives, old letters, and historical records. With each clue she found, the story of Alejandro and her great-grandmother came to life.

She learned that Alejandro had been a revolutionary fighting for Mexico's freedom during the Mexican Revolution. Her great-grandmother, Isabel, had been a brave woman who secretly supported Alejandro's cause. They had met in the midst of the turmoil of war and had shared stolen moments of passion and love.

But the letter also revealed a secret that Amelia could not ignore. Alejandro had been in possession of a map that led to a hidden treasure, a treasure he had promised to share with Isabel once the war was over. However, the war had separated the lovers, and Alejandro had never returned.

Amelia was determined to find out if the treasure mentioned in the letter really existed. She followed the map's clues, which led her to an old abandoned mine on the outskirts of the city. With the help of friends and neighbors, she began to explore the mine in search of the lost treasure.

The search was arduous and filled with dangers, as the mine was full of dark tunnels and narrow passages. But Amelia was determined to honor her great-grandmother's memory and her love for Alejandro. With each step she took, she felt that she was getting closer to the mysterious treasure.

Finally, at the bottom of the mine, Amelia and her team found an ancient chest covered in dust and cobwebs. With trembling hands, Amelia opened the chest and was astonished by what she found inside.

The chest was filled with gold coins, jewels, and precious objects that had been gathered during the Mexican Revolution. It was the treasure that Alejandro had promised to share with Isabel. Amelia knew that she must honor the memory of the lovers and share the treasure with her city and her country.

The treasure became an exhibition in the Guanajuato museum, where everyone could appreciate the love story of Alejandro and Isabel and the bravery of those who fought for Mexico's freedom. Alejandro's letter became a centerpiece of the exhibition, reminding everyone that love and courage can endure through time.

Amelia continued to live in her old house with the trunk of memories, knowing that each letter and photograph had a story to tell. But now, she also knew that the stories of the past could lead to surprising discoveries and keep alive the legacies of those who came before us.